Culture économique | numéro **2**

KARL MARX
LA LUTTE DES CLASSES ET LE CAPITAL

Pourquoi l'individu est-il au cœur des enjeux économiques ?

par Gabriel Verboomen

50MINUTES

Avec la collaboration de Brigitte Feys

KARL MARX

CARTE D'IDENTITÉ

- **Naissance ?** Le 5 mai 1818 à Trèves (Prusse)
- **Mort ?** Le 14 mars 1883 à Londres
- **Contexte et courant ?**
  - D'un point de vue philosophique, Karl Marx se rapproche un temps des idées de Georg Wilhelm Friedrich Hegel (philosophe allemand, 1770-1831), qui domine la pensée allemande de l'époque, avant de s'en détourner complètement.
  - Pour conceptualiser sa vision politique, Marx s'inspire notamment du socialisme français – Charles Fourier (1772-1837) et Claude Henri de Rouvroy, comte de Saint-Simon (1760-1825), envisagent par exemple une société humaine dirigée par des savants et des artistes, dont le mode de vie est naturellement communautaire et harmonieux.
  - D'un point de vue économique, Karl Marx prolonge et nuance la pensée de David Ricardo (économiste britannique classique, 1772-1823), dont la contribution la plus reconnue en économie politique est sa théorie du rapport entre rémunération du travail et valeur de la production.
- **Ouvrages principaux ?**
  - MARX (Karl) et ENGELS (Friedrich), *La Sainte Famille* (*Die heilige Familie*), 1844-45.
  - MARX (Karl) et ENGELS (Friedrich), *L'Idéologie allemande* (*Die deutsche Ideologie*), 1846.
  - MARX (Karl), *Misère de la philosophie* (*Das Elend der Philosophie*), 1847.
  - MARX (Karl) et ENGELS (Friedrich), *Manifeste du parti communiste* (*Manifest der Kommunistischen Partei*), 1848.

- ◦ MARX (Karl), *Le Capital. Critique de l'économie politique* (*Das Kapital. Kritik der politischen Ökonomie*), livre I, 1867.
- **Mots-clés ?**
  - ◦ <u>Aliénation</u> : l'homme échappe à lui-même. Le fruit de son travail ne lui appartenant pas, l'effort qu'il fournit ne le définit pas dans la mesure où le travailleur ne produit rien de ses propres mains, sinon une infime partie d'un travail à la chaîne
  - ◦ <u>Capitalisme</u> : selon Karl Marx, le capitalisme est un système politique, social et économique perpétuellement en quête de plus-value. Les capitalistes, qui détiennent les moyens de production, financent les entreprises et emploient les travailleurs, sont ceux qui œuvrent pour l'augmentation systématique de plus-value au capital initial
  - ◦ <u>Communisme</u> : système politique et social prônant une mise en commun des biens matériels et des moyens de production
  - ◦ <u>Matérialisme historique</u> : conception selon laquelle l'homme entretient un rapport dialectique à son environnement ; autrement dit, il en est le produit naturel et le modifie dans la limite de ses capacités, par son travail. Ainsi, l'histoire est le fruit de luttes entre des classes sociales soumises aux réalités des modes de production
  - ◦ <u>Libéralisme</u> : doctrine économique plaçant la liberté d'action et d'esprit au centre des réflexions de l'individu, ce qui le pousse au bien de l'intérêt général
  - ◦ <u>Lutte des classes</u> : rapport d'opposition entre une partie de la population unie par un désir de lutte face à une autre classe. Marx insiste notamment sur deux classes : la bourgeoisie capitaliste « oisive » et la masse prolétaire « travailleuse » par nécessité. Le pouvoir est aux mains des capitalistes qui imposent leur vision aux prolétaires et, se servant des idées véhiculées par la religion chrétienne, leur promettent notamment un avenir meilleur dans l'au-delà

- ° <u>Profit</u> : part de la valeur ajoutée qui n'est pas restituée au travailleur qui l'a pourtant produite, mais conservée par le capitaliste, lequel détient tous les moyens de production

INTRODUCTION

Si la première moitié du XIXe siècle est marquée en économie par l'école classique, reposant sur le libéralisme, avec des penseurs tels que David Ricardo ou encore Adam Smith (économiste écossais, 1723-1790), la seconde moitié voit se développer une pensée matérialiste dénonçant les travers du capitalisme moderne émergent, pensée soutenue notamment par Karl Marx et Friedrich Engels (philosophe et théoricien allemand du socialisme, 1820-1895).

Dans un tel contexte de développement, les écarts entre classes sociales se creusent. À mesure que le nombre et l'importance des bourgeois capitalistes augmentent, les idées révolutionnaires, par opposition, se multiplient au sein des cercles travailleurs. Ainsi, il devient de plus en plus flagrant pour des penseurs tels que Karl Marx que l'activité politique et économique ne peut être gérée par une élite privée sans générer nombre d'inégalités. Ce dernier va dès lors proposer sa propre critique de l'économie politique en place – à la fois bourgeoise et capitaliste – et développer le concept de matérialisme dialectique et historique.

Pour Karl Marx, la révolution industrielle a donc pris une mauvaise direction. Rien ne s'opposerait selon lui à ce que les profits qu'elle engendre reviennent à la communauté tout entière qui les emploie-rait à son propre développement.

BIOGRAPHIE

Issu d'une famille nombreuse de confession protestante, bien qu'historiquement juive, Karl Marx entame son parcours universitaire en droit à Bonn. Puisqu'il s'intéresse également à l'histoire et à la philosophie, il décide d'approfondir ces matières, en plus du droit, à l'université de Berlin où il rejoint le cercle des « hégéliens de gauche » ou des « jeunes hégéliens ». D'abord proche de la philosophie de Hegel, il la critique ensuite. Enfin, dans l'espoir d'obtenir une chaire universitaire, Karl Marx prépare une thèse de doctorat en philosophie.

Ses intérêts prononcés pour l'économie – il s'insurge ainsi très vite contre les rouages du capitalisme – et pour le socialisme français (comte de Saint-Simon, Charles Fourier) le poussent à entamer sa réflexion matérialiste du monde et à s'inscrire dans le mouvement socialiste et communiste allemand. Il participe notamment aux activités révolutionnaires au sein des organisations ouvrières en Europe.

Ses positions philosophiques tranchées lui interdisant toute carrière universitaire, Karl Marx entre en 1842 à la rédaction de la *Gazette rhénane* (*Rheinanische Zeitung*), un journal de Cologne alors à tendance libérale, dont il deviendra le rédacteur en chef. Dès l'année suivante, année durant laquelle il épouse Jenny von Westphalen (1814-1881), fille d'un haut fonctionnaire prussien, toute activité de la gazette est interdite.

Il s'attelle à développer sa réflexion sur les fonctionnements politiques et économiques. À Paris, en 1844, Karl Marx rencontre Friedrich Engels, avec qui il partage ses idées, et fonde les *Annales franco-allemandes*, dans lesquelles il publie la « Contribution à la critique de la philosophie du droit de Hegel ». À la définition de l'État par Georg Wilhelm Friedrich Hegel, que ce dernier considère comme la réalisation de la raison, Karl Marx oppose la sienne qui souligne qu'un État résulte d'un rapport de forces. C'est également à cette époque qu'il définit les notions d'aliénation et de matérialisme historique. En 1848, il publie avec Friedrich Engels le *Manifeste du parti communiste*, clos par la célèbre phrase « Prolétaires de tous les pays, unissez-vous ! ».

Après la révolution française de 1848, il regagne Paris puis Cologne, où il fonde la *Nouvelle Gazette rhénane* (*Neue Rheinanische Zeitung*). À nouveau exilé en 1849, il s'installe en Angleterre et y vit dans une pauvreté extrême.

Son chef-d'œuvre, qui est une critique de l'économie politique plus qu'un traité d'économie à proprement parler, il ne le publiera que beaucoup plus tard. Le premier livre du *Capital* (*Das Kapital*) paraît en effet en 1867, alors que les ébauches des deux tomes suivants ne seront publiées qu'une fois achevées par Friedrich Engels, en 1885 et 1894, bien après la mort de l'auteur révolutionnaire (1883).

L'ensemble des courants de pensée inspirés des travaux de Karl Marx est désigné sous le nom de « marxisme ». Côtoyant de plus en plus de socialistes durant les dernières années de sa vie, Marx marque les réflexions du socialisme européen du XXᵉ siècle, notamment par rapport à la réorganisation sociale, politique et économique de nombreux pays. De multiples mouvements révolutionnaires se réclament ainsi de sa pensée (par exemple, la révolution russe de 1917).

SES CONTEMPORAINS

Les théories dominantes en économie politique, auxquelles Karl Marx s'oppose très nettement, sont celles des économistes de renom Adam Smith et David Ricardo :

- Adam Smith, fortement influencé par les empiristes anglais, auteur de la *Richesse des nations* (1776) et fondateur de l'école classique d'économie politique, est convaincu qu'aucun contrôle de l'économie n'est nécessaire, que la recherche individuelle de profit conduit à la situation la plus souhaitable pour l'ensemble de la population ;
- de son côté, David Ricardo propose une théorie de la production dans laquelle il distingue trop nettement selon Karl Marx l'influence du capital de celle du travail, le capital n'étant pour lui qu'un surplus de travail « volé » au travailleur. De plus, David Ricardo développe une théorie des avantages comparatifs qui valide de manière relativement immédiate les idées ultérieures de Frederick Winslow Taylor (ingénieur américain, 1856-1915) sur l'organisation scientifique du travail (OST), prônant qu'il existe un *one best way* (une unique bonne façon d'effectuer efficacement un travail défini) – idées qui sont profondément aliénantes aux yeux de Karl Marx. La division du travail de Frederick Winslow Taylor et le travail à la chaîne de Henry Ford (1863-1947) appliquent ce principe à l'échelle d'une entreprise.

Dans la lignée de ces deux célébrités, nombreux sont les économistes de l'époque qui approfondissent et cherchent à perfectionner le concept de capitalisme. Ainsi, par exemple :

- Gustave de Molinari (économiste belge, 1819-1912) s'intéresse aux conditions de bon fonctionnement du capitalisme, et en particulier au rôle de l'information sur les marchés (notamment le marché du travail : un travailleur a tout intérêt à disposer d'informations sur l'offre et la demande de travail dans son secteur afin de négocier au mieux ses prestations) ;

- Joseph Clément Juglar (médecin et économiste français, 1819-1905) souligne les aspects cycliques de l'économie, mettant à mal les hypothèses de croissance propres au capitalisme ;
- pour John Elliott Cairnes (économiste irlandais, 1823-1875), l'économie politique a d'emblée choisi un angle d'analyse basé sur le point de vue du capitaliste en considérant le travail comme un coût, alors que les salaires devraient être une fin en soi dans une perspective sociale de l'économie ;
- William Stanley Jevons (logicien et économiste britannique, 1835-1882) pointe un paradoxe dans l'économie capitaliste basée sur la croissance. Si, par exemple, le bien commun veut qu'on n'exploite pas excessivement certaines ressources pour leur permettre de se renouveler, la poursuite des intérêts particuliers fera que l'on continuera à les exploiter en l'absence d'une autorité régulatrice ;
- quant à John Maynard Keynes (économiste britannique, 1883-1949), il recentre l'économie sur la demande, s'opposant ainsi nettement au travail de Karl Marx. Avant lui, la production était au centre de toutes les préoccupations. Or selon lui, si le patron capitaliste produit, il doit aussi pouvoir vendre pour s'enrichir. Et pour vendre, il faut que le prolétariat puisse acheter. L'économie devient un cycle dans lequel le bien-être de chaque agent compte.

Friedrich Engels, quant à lui, milite activement aux côtés des Karl Marx et le suivra même dans son exil en Belgique. Il cosigne une bonne partie des publications de ce dernier, parmi lesquelles le *Manifeste du parti communiste* et *L'Idéologie allemande*. C'est également lui qui publiera les livres II et III du *Capital* sur la base des notes posthumes de son ami.

Ajoutons néanmoins qu'à côté de ses contemporains, plusieurs auteurs se sont employés – et c'est encore le cas de nos jours ! – à rendre l'œuvre de Karl Marx actuelle. Citons, par exemple, les sociologues français dont nous reparlerons plus loin :

- Henry Mendras (1927-2003) qui, sur la base d'une analyse de stratification de la société, propose une « vision cosmographique » de celle-ci ;
- Pierre Bourdieu (1930-2002) qui refuse les oppositions scientifiques traditionnelles (ex. : théories/empirisme).

SON ŒUVRE, UN APPORT CONSIDÉRABLE POUR L'ÉCONOMIE

L'HOMME, AU CENTRE DES RÉFLEXIONS DE KARL MARX

Initialement, Karl Marx est un historien de la philosophie. Ses premières œuvres délimitent en quelque sorte le contexte général dont émergera progressivement sa vision de l'économie politique.

Alors que les penseurs allemands de l'époque sont principalement idéalistes et se réclament de la pensée hégélienne, Karl Marx, sans s'opposer en ce sens au philosophe, se positionne comme un matérialiste et propose sa thèse de « matérialisme historique », qu'il présente dans *L'Idéologie allemande*. Karl Marx exploite la dialectique d'Hegel de la manière la plus radicale qui soit, en développant l'idée du matérialisme historique. Il expose ainsi que l'homme est à la fois le produit et le producteur de son environnement : puisque notre environnement (et principalement notre environnement économique) détermine qui nous sommes, mais que, par notre travail individuel, nous avons le pouvoir de transformer la nature qui nous entoure, ce pouvoir constitue lui aussi une part essentielle de notre identité.

Associé au célèbre philosophe allemand Friedrich Nietzsche (1844-1900) et au fondateur de la psychanalyse, Sigmund Freud (1856-1939), Karl Marx fait partie de ceux que l'on nomme à l'époque les « penseurs du soupçon ». Tous trois remettent en effet en question les valeurs de leur époque en montrant qu'elles n'ont rien de naturel. Pour Karl Marx, les valeurs sont celles que les dominants imposent aux dominés, aussi la lutte des classes est-elle bien plus insidieuse qu'une simple lutte armée. Les bourgeois imposent aux prolétaires leur propre vision du bien et du mal, en ayant notamment recours à la religion. Il est entendu que cette vision sert l'intérêt des bourgeois capitalistes qui asservissent d'autant mieux les masses travailleuses. Le message relayé par l'Église tient en quelques mots : « Travaille et souffre pour autrui dans cette vie, tu en seras largement récompensé dans la prochaine ! » Pour Karl Marx, l'histoire évolue spontanément vers la disparition d'un ordre social établi sur une idéologie aussi aliénante, qui rend l'individu étranger à sa propre existence.

Le *Manifeste du parti communiste* est la traduction politique de ce matérialisme historique. Il ne s'agit pas simplement d'une théorie abstraite (ce qui serait le comble pour un matérialiste) mais bien d'une conception basée sur la vision d'un humain qui se construit à travers les mouvements sociaux (la famille, les rapports hiérarchiques, etc.) et politiques effectifs et déjà à l'œuvre. Karl Marx insiste sur la notion de « condition humaine », qui varie en fonction des époques. Il rassemble ici les idées d'activistes socialistes radicaux.

Das Kapital est l'ouvrage le plus conséquent de Karl Marx, celui qui s'avère le plus riche une fois perçu sous l'angle économique. On a vu Karl Marx historien, philosophe, sociologue et politicien. Intéressons-nous maintenant à ses théories économiques qui soutiennent la révolution du prolétariat. Les deux notions-clés développées par Karl Marx sont la plus-value et l'accumulation.

LA VALEUR

Le XIXe siècle et les origines de l'économie politique sont marqués par un débat primordial portant sur les raisons et les origines de la valeur des choses. Comment déterminer la valeur des choses ? Prenons un bien quelconque, le pain, pour approcher cette problématique. D'emblée, deux conceptions de la valeur s'opposent : la valeur-usage et la valeur-travail.

Valeur-usage

Le prix du pain est fixé en fonction de l'utilité que nous en avons :

- si le pain est le seul aliment sur le marché et que la quantité disponible ne dépasse pas le seuil vital, sa valeur est inestimable. En effet, s'il n'y a pas assez de pain pour nourrir tout le monde, les enchères grimperont très vite dans la mesure où personne n'a mieux à faire de son argent que de le dépenser pour rester en vie ;
- si maintenant la production (l'offre) augmente et dépasse le seuil vital, la valeur du pain diminuera en fonction du désir de chacun de consommer du pain. Si l'individu est rassasié, combien est-il prêt à payer pour manger un pain supplémentaire ? Dans ce cas de figure, chacun réagira différemment selon ses goûts propres. Par ailleurs, même si manger est un besoin vital, le prix du pain est et reste unique, le boulanger ne pouvant savoir si son client est affamé ou non. Et s'il maintient ses prix comme si la production n'avait pas augmenté, le boulanger restera avec un stock de pains sur les bras.

Peut-être que le boulanger a intérêt à maintenir des prix élevés plutôt que de produire plus, réalisant ainsi un profit colossal sur la denrée vitale qu'il nous vend. Mais, dans ce cas-là, ce profit devrait attirer bon nombre de concurrents, rendant ainsi le volume de production incontrôlable. En quelque sorte, le profit s'anéantit de lui-même. En d'autres mots, la valeur d'un bien dépendrait de la quantité disponible de ce bien (l'offre) et de l'intensité avec laquelle les gens souhaitent, en moyenne, l'acquérir (la demande).

Valeur-travail

Pour Karl Marx, tout comme pour David Ricardo, ce qui fait la valeur d'un bien c'est le travail, ou plutôt le nombre d'heures de travail nécessaires pour le produire. Si on a besoin de deux fois plus d'heures de travail pour fabriquer un kilo de beurre que pour confectionner un pain, le kilo de beurre coûtera deux fois plus cher que le pain, et ce quelle que soit l'utilité que les consommateurs aient du pain ou du beurre. Une heure de travail (mesurée en temps, donc) vaut la même chose, que l'on soit boulanger, crémier, éleveur, charpentier.

Cela étant, le boulanger de formation n'est pas nécessairement aussi efficace qu'un crémier pour produire du beurre.

- Ainsi, pour David Ricardo, la société a intérêt à ce que chacun produise ce dans quoi il est le plus efficace, c'est-à-dire le bien qui lui « coûte » le moins de temps, et donc, le moins d'unités de l'autre bien. On maximise ainsi la production totale qu'on repartage en échangeant. Poussé à l'extrême, ce raisonnement conduit à une division totale du travail. La production sera d'autant plus forte si chacun effectue une seule et unique tâche de façon efficace. Si je suis efficace à moudre le grain, je passerai mes journées à moudre du grain. Si un autre est efficace à mélanger de la pâte, il passera ses journées à mélanger de la pâte. Il ne sera pas plus que moi boulanger, mais, ensemble, nous formerons une boulangerie.
- Pour Karl Marx, cette conception du travail est aliénante puisque l'individu ne peut plus se définir par son travail, par son mode de transformation de la nature. Je ne suis plus un boulanger, je ne suis plus qu'un broyeur de grain ou un pétrisseur de pâte ou un cuiseur, ou un vendeur, etc.

LE PRIX ET LA RÉPARTITION DE LA VALEUR

Dans ce cas, à quel prix vendre et comment répartir la valeur ?

Alors que le prix du marché est supérieur à la valeur du travail, il existe, selon Karl Marx, une perversion du système due à la propriété privée des moyens de production. Le patron capitaliste prélève en quelque sorte une taxe usurière sur le fruit du travail du prolétaire et le capital se constitue dès lors à partir de ce travail « volé ». Bien plus, l'usufruit permet toujours davantage de profit : le patron capitaliste engendre toujours plus d'argent sans travailler, simplement avec de l'argent. C'est la loi de l'accumulation capitaliste.

Ainsi, le fruit du travail de l'ouvrier échappe de plus en plus à ce dernier et l'accumulation de capital renforce la structure de la société organisée en classes opposées les unes aux autres. Selon Marx, dans ce conflit, le bourgeois capitaliste a clairement le dessus : non seulement il spolie le travailleur, mais il parvient en plus à lui faire croire par le biais de la religion qu'il s'agit de l'ordre naturel des choses. La bourgeoisie soumet au prolétariat un système de valeurs qui pousse le travailleur à l'abnégation docile.

	A	B
Pain	1 heure	2 heures
Beurre	2 heures	5 heures

Formation des prix selon la valeur-travail

LA BAISSE TENDANCIELLE DU PROFIT

On l'a dit : ce qui fait la valeur d'un bien est le temps de travail qui lui est consacré. Dans cette perspective, le progrès technique fonctionne d'une façon particulière :

- d'une part, il réduit le temps de travail nécessaire à produire un bien, réduisant ainsi son prix ;
- d'autre part, il occasionne des investissements plus importants pour les capitalistes qui verront de ce fait leur marge se réduire.

Dans sa réflexion sur la formation des prix, il est inenvisageable pour Karl Marx qu'un bien produit plus efficacement par des machines performantes soit vendu au même prix qu'avant l'acquisition des nouvelles machines. Ce qui fait le prix, c'est le temps humain consacré à la transformation, et rien d'autre. Aussi, puisque l'ouvrier ne touche que le strict minimum pour subvenir à ses besoins, c'est la marge du patron capitaliste qui tend naturellement à disparaître. En d'autres termes, Karl Marx pense que le progrès technique mène naturellement à la fin du capitalisme ! Ce point sera d'ailleurs souvent sujet à controverse par la suite. Notre siècle peut par ailleurs témoigner que le capitalisme est loin de toucher à sa fin, malgré les prévisions de Karl Marx.

LIMITES ET CRITIQUES DE SON APPROCHE

La notion de valeur-temps

Comme on l'a déjà mentionné, la notion de valeur-travail est éminemment problématique. Elle part du principe que la valeur du temps de travail est la même pour tous, quel que soit le métier exercé. Or, ce n'est le cas ni empiriquement ni scientifiquement, tous les travaux ne requérant pas le même niveau de qualification. Bien plus : sur le marché de l'emploi, une heure de travail se négocie en fonction des besoins des employeurs, en heures de travail plus ou moins qualifiées et en fonction de l'offre des employés potentiels.

Par ailleurs, cette approche néglige complètement l'utilité que l'on peut avoir des produits. Chacun consacre son temps à produire ce qu'il produit le mieux et ne se soucie pas de l'utilité et de la demande du produit en question. Ainsi, même si, passé un certain nombre de pains produits, plus personne ne veut en consommer, le boulanger continuera quand même à en produire : les prix, eux, ne diminuent pas pour autant, puisque l'unité de valeur est le temps de travail du boulanger.

Les théoriciens communistes ont tenté d'éviter ce problème en planifiant l'économie. Ainsi, il n'y aura pas de gaspillage de matières premières si le boulanger produit exactement le nombre de pains que le planificateur a jugé utile qu'il produise. On peut même éviter le gaspillage de main-d'œuvre en réaffectant le boulanger à l'emploi pour lequel il est le plus productif en dehors de son activité principale.

La production efficace

Cela reste toutefois moins efficace que le libéralisme nuancé des classiques, à condition que celui-ci fonctionne selon les théories d'Adam Smith. Pour ce dernier en effet, la meilleure des choses à faire pour l'ensemble de la société est de laisser chacun choisir ce qu'il va produire, la quantité qu'il va en produire et le prix auquel il va le vendre.

Naturellement, si la concurrence est suffisante, les prix tendront à s'harmoniser. La production totale ne pourra jamais dépasser la consommation sous peine de faire baisser le prix de vente sous le coût de fabrication. Les travailleurs s'orienteront d'eux-mêmes vers une activité utile, donc rentable. C'est la célèbre théorie de la main invisible, celle qui guide vers le bien social sans avoir besoin d'être énoncée.

Dans ce cas de figure, la répartition est optimale selon les critères de Karl Marx puisque la concurrence empêche le profit. L'idée d'Adam Smith est d'attirer les producteurs dans des activités potentiellement profitables sans que quiconque en tire vraiment profit puisque, tant qu'il y aura du profit, il y aura des nouveaux arrivants sur le marché qui accentueront la concurrence. Or, si la concurrence est suffisante, les prix de vente retombent au niveau des coûts production, c'est-à-dire des salaires des travailleurs.

Donc, le modèle d'Adam Smith peut sembler plus efficace, puisqu'il se gère de lui-même. Il n'y a pas besoin de consacrer du temps et de l'énergie à planifier et à contrôler la production, et toutes les ressources disponibles peuvent être consacrées à cette production. Toutefois, ce modèle pose d'autres problèmes. En effet, il est rare que l'hypothèse de concurrence parfaite qui le sous-tend se véri-fie empiriquement.

La baisse tendancielle du profit

L'idée de baisse tendancielle du profit, conséquence de la perception de la valeur comme travail, est elle aussi abondamment critiquée par certains économistes contemporains, et contredite par la réalité de l'industrie. Pour Karl Marx, les patrons capitalistes vont d'eux-mêmes renoncer à leur semblant d'activité quand le progrès technique aura rendu les investissements nécessaires trop importants. Selon lui, la production est de plus en plus gourmande en capital donc, à salaires constants, le capitaliste voit sa marge de plus en plus réduite.

Or, si la concurrence n'est pas trop forte et que l'entreprise produit la même quantité avec moins de main-d'œuvre, il est possible de continuer à vendre au même prix ce qui est produit. Par exemple, ce n'est pas parce que la pâte de mon pain est pétrie plus rapidement par une machine que les consommateurs ont moins besoin de pain et qu'ils ne seront pas prêts à payer le même prix pour l'obtenir. Si on considère la valeur comme dépendante de l'utilité, la baisse tendancielle du profit pour cause de progrès technique n'est pas valable.

MODÈLES CONNEXES ET EXTENSIONS

Sociologie

- **La théorie de l'espace social de Pierre Bourdieu**. Pierre Bourdieu propose une vision de la société largement influencée par le concept de lutte des classes de Karl Marx. Il élargit toutefois ce concept à d'autres champs de l'activité humaine que l'économie. Pour lui, le capital n'est pas seulement économique, il est aussi culturel, social et symbolique. Tous les individus ne disposent pas des mêmes moyens financiers ni des mêmes accès à la culture ou des mêmes réseaux sociaux. Tous ces capitaux suivent une forme de loi d'accumulation du capital. La richesse économique donne l'accès à la culture et aux relations sociales qui donnent l'accès au capital économique. Ce cercle vicieux renforce les différences sociétales, traduites en classes desquelles il est très difficile de s'extraire.

- **La cosmographie sociale de Henry Mendras.** Le sociologue français Henry Mendras développe, quant à lui, l'idée selon laquelle les classes sociales ne font plus sens actuellement puisque la société se présente sous la forme d'un ensemble de constellations. L'idée de cette cosmographie sociale conceptualise l'hypothèse que puisqu'il existe de nombreuses et constantes interactions entre les groupes sociaux, on observe une « moyennisation » de la société. En effet, d'après Mendras, plus on interagit et plus la société s'uniformise en une gigantesque classe moyenne.

Politique

Au-delà de ces prolongements sociaux, les idées de Karl Marx ont eu une incidence politique considérable. En fondant le parti communiste, il devient un homme politique dont les idées influent sur l'ordre social. Intellectuel prônant clairement une révolution prolétaire européenne dans *Le Manifeste du parti communiste*, il annonce la révolution russe qui éclatera près de 40 ans plus tard. Ainsi, Vladimir Ilitch Oulianov, dit Lénine (homme d'État russe révolutionnaire, 1870-1924), se réclamera des idées de Karl Marx alors que la révolution abolira la propriété privée et bannira violemment la religion, que ce dernier qualifie d'opium du peuple.

Plus largement, bien qu'il ait prédit que le capitalisme devait s'anéantir de lui-même, Karl Marx se contredit sensiblement en affirmant qu'une révolution violente est nécessaire pour voir l'aboutissement de la lutte des classes et le triomphe du prolétariat.

Économie

Il ne fait aucun doute que le XXe siècle a été largement capitaliste et que les idées de Karl Marx ont été quelque peu délaissées. Pourtant, les récentes crises interpellent les économistes dont quelques-uns nous prédisent à nouveau la fin du capitalisme.

Les marchés financiers ne sont pas « parfaitement » concurrentiels. S'ils l'étaient, le banquier prêterait de l'argent à un taux lui permettant de vivre, mais pas d'accumuler de l'argent. Or, la concurrence est si inégale sur ces marchés, qu'une banque performante financièrement est naturellement appelée à grossir encore et encore. Donc, l'investissement financier génère bien un profit prélevé sur les salaires des travailleurs.

Selon des analystes comme Paul Jorion (né en 1946) pourtant, cela pose différents types de problèmes :

- le déséquilibre initial du système ne peut que s'accentuer. On est dépendant de ceux qui détiennent l'argent, donc on leur verse plus d'argent (sous forme d'intérêts ou de dividendes) ;
- la taille des banques, on a pu le constater, est telle que, lorsque l'une d'elles fait défaut, l'argent manque à toutes les autres, puis à tous les secteurs. Les entreprises ne peuvent plus se financer et éprouvent des difficultés à verser les salaires des travailleurs ;
- comble du comble, les collectivités (c'est-à-dire les travailleurs) doivent refinancer les investisseurs capitalistes pour éviter une propagation en chaîne des problèmes (ce qu'on appelle un « risque systémique ») ;
- la solution évidente au risque systémique est d'obliger les banques à rester suffisamment petites pour rétablir une situation concurrentielle. Mais comme les collectivités doivent elles aussi se financer, elles dépendent des banques qu'elles ont sauvées. Et les banquiers s'opposent évidemment à la réduction de leurs profits.

Bref, selon Paul Jorion, le capitalisme ne fonctionne plus. Si la situation n'est pas d'emblée concurrentielle et qu'aucun mécanisme régulateur n'est instauré, elle le deviendra de moins en moins.

1817	*Des Principes de l'économie politique et de l'impôt* de David Ricardo
5 mai 1818	Naissance
1844	Rencontre avec Friedrich Engels
1846	*L'Idéologie allemande*
1848	*Manifeste du parti communiste*
1867	*Le Capital*, livre I
14 mars 1883	Décès
1885	*Le Capital*, livre II
1894	*Le Capital*, livre III
Oct. 1917	Révolution russe

- Karl Marx a fortement contribué à l'évolution de la pensée économique : antagoniste d'Adam Smith et commentateur de David Ricardo, il se situe aux origines de l'économie politique.
- À la fois historien, philosophe, sociologue et économiste, il étudie la relation de l'homme avec son environnement, considère la société dans son ensemble et est concerné par son devenir concret.

- Apports :
    - il approfondit la notion de valeur découlant du travail, abordée par David Ricardo et Adam Smith ;
    - il propose un système qui reconsidère l'équité de la répartition des profits ;
    - il propose un système dans lequel le bien-être du travailleur n'est pas seulement évalué par rapport au salaire perçu pour son travail, mais aussi par rapport à l'épanouissement personnel dans son travail.
- Ses réflexions rencontrent quelques limites :
    - son système, qui demande à être constamment planifié et contrôlé, est beaucoup plus lourd que celui proposé par Adam Smith.
    - sa vision de la valeur des biens est incomplète, puisqu'elle ne tient compte que du travail fourni et non des besoins des consommateurs. Pour Karl Marx, tout travail est équivalent, peu importe son utilité.
    - sa perception du progrès technique relève d'un parti pris. Il pense en effet que celui-ci réduit le profit, alors qu'en réalité, à situation également concurrentielle, il l'accroît.
- Extensions :
    - politiquement parlant, sa vision de l'économie a inspiré la révolution russe de 1917 ;
    - les critiques annoncées par Karl Marx au sujet du système capitaliste se vérifient partiellement aujourd'hui dans certaines lectures contemporaines sur les crises financières.

POUR ALLER PLUS LOIN

- BONNEWITZ (Patrice), *Classes sociales et inégalités*, Bréal, coll. « Thèmes & débats », 2004.
- DANGEVILLE (Roger), « Marx et la Russie », in *L'Homme et la Société*, n° 5, 1967, p. 149-164.
- DARMANGEAT (Christophe), « Karl Marx », in *Introduction à l'analyse économique*, Université Paris VII Denis Diderot, consulté le 2 juin 2014.
  http://www.pise.info/eco/dossiers/dossier4.pdf
- HUISMAN (Denis) et VERGEZ (André), « Karl Marx », in *Histoire des philosophes illustrée par les textes*, Paris, éditions Nathan, 2010, p. 233-242.
- JORION (Paul), *L'Argent. Mode d'emploi*, Paris, Fayard, 2009.
- MARX (Karl), *Le Capital. Livre I*, sous la dir. de Maximilien Rubel, trad. de l'allemand par Joseph Roy, Paris, Gallimard, coll. « Folio Essais », 2008.
- MARX (Karl), *Misère de la philosophie*, 1847.
- MARX (Karl) et ENGELS (Friedrich), *La Sainte Famille*, 1844-45.
- MARX (Karl) et ENGELS (Friedrich), *L'Idéologie allemande*, 1846.
- MARX (Karl) et ENGELS (Friedrich), *Manifeste du parti communiste*, 1848.